LES LYONNAISES

OU

LETTRES A UN AMI

AU SUJET D'UN PROCÈS

PAR

A. CHATAING

« La vérité est une et ferme. »
PASCAL, *Pensées*.

PREMIÈRE LETTRE

SUIVIE DE QUELQUES RÉFLEXIONS SUR LA RÉPUBLIQUE ACTUELLE

NOVEMBRE 1899

Troisième Édition

AUGMENTÉE DE FRAGMENTS DIVERS
OU PENSÉES DÉTACHÉES DE CIRCONSTANCE

LYON
TYPOGRAPHIE — IMPRIMERIE C. ALRICY — LITHOGRAPHIE
5, cours Lafayette (passage Coste)
—
1899

Lyon le 19 9bre 1899.

« Je ris de ces peuples aveuglés qui, se laissant ameuter par des ligueurs, osent parler de liberté sans même en avoir l'idée, et, le cœur plein de tous les vices des esclaves, s'imaginent que pour être libres, il suffit d'être des mutins. »

(Rousseau, Considérations sur le gouvernement de Pologne)

LES LYONNAISES

OU

LETTRES A UN AMI

AU SUJET D'UN PROCÈS

PAR

A. CHATAING

« La vérité est une et ferme. »
PASCAL, *Pensées*.

PREMIÈRE LETTRE

SUIVIE DE QUELQUES RÉFLEXIONS SUR LA RÉPUBLIQUE ACTUELLE

NOVEMBRE 1899

Troisième Édition

AUGMENTÉE DE FRAGMENTS DIVERS
OU PENSÉES DÉTACHÉES DE CIRCONSTANCE

LYON
TYPOGRAPHIE — IMPRIMERIE C. ALRICY — LITHOGRAPHIE
5, cours Lafayette (passage Coste)

1899

« La justice et l'inutilité de mes plaintes me laissèrent dans l'âme un germe
« d'indignation contre nos sottes institutions civiles, où le vrai bien public et
« la véritable justice sont toujours sacrifiés à je ne sais quel ordre apparent,
« destructif en effet de tout ordre, et qui ne fait qu'ajouter la sanction de l'au-
« torité publique à l'oppression du faible et à l'iniquité du fort. » (*Confessions,
partie II, livre VII*. Rousseau explique dans le passage d'où sont tirées ces
lignes ce qui lui suggéra la première idée du *Contrat social*.)

FRAGMENTS DIVERS

OU

Pensées détachées de circonstance
ajoutés à cette troisième édition

« C'est autour des individus, qu'il faut rassembler les droits du peuple ; et
« quand on peut l'attaquer séparément, on le subjugue toujours. »

(ROUSSEAU, *Lettres de la Montagne*, partie II, Lettre VII.)

«... Et y a-t-il rien de mieux « dû à la vanité et à la faiblesse de ces opinions
« que la risée ? » selon Tertullien. Mais, mes pères, la corruption des mœurs
que vos maximes apportent est digne d'une autre considération ; et nous
pouvons bien faire cette demande avec le même Tertullien : « Faut-il rire
« de leur folie ou déplorer leur aveuglement ? *Rideam vanitatem, an*
« *exprobrem cœcitatem ?* » Je crois, mes pères, qu'on peut en rire et en
pleurer à son choix: « *Hec tolerabilius vel ridentur, vel flentur* », dit saint
Augustin. Reconnaissez donc « qu'il y a un temps de rire et un temps de
« pleurer » selon l'Ecriture ; et je souhaite, mes pères, que je n'éprouve pas
en vous la vérité de ces paroles des *Proverbes :* « Qu'il y a des personnes si
« peu raisonnables, qu'on n'en peut avoir de satisfaction, de quelque manière
« qu'on agisse avec eux, soit qu'on rie, soit qu'on se mette en colère. »

(*Provinciales*, Lettre XI)

« ... Vous croyez avoir la force et l'impunité, mais je crois avoir la vérité
« et l'innocence. C'est une étrange et longue guerre que celle où la violence
« essaye d'opprimer la vérité. Tous les efforts de la violence ne peuvent
« affaiblir la vérité, et ne servent qu'a la relever davantage. Toutes les
« lumières de la vérité ne peuvent rien pour arrêter la violence, et ne font que
« l'irriter encore plus. Quand la force combat la force, la plus puissante detruit
« la moindre : quand on oppose les discours aux discours, ceux qui sont
« véritables et convaincants confondent et dissipent ceux qui n'ont que la
« vanité et le mensonge: *mais la violence et la vérité ne peuvent rien l'une sur
« l'autre.* Qu'on ne prétende pas de là néanmoins que les choses soient
« égales ; car il y a cette extrême différence, que la violence n'a qu'un cours
« borné par l'ordre de Dieu, qui en conduit les effets à la gloire de la vérité
« qu'elle attaque; au lieu que la vérité subsiste éternellement, et triomphe
« enfin de ses ennemis, parce qu'elle est éternelle et puissante comme Dieu
« même.»

(*Provinciales*, Lettre XII.)

« Si vous n'avez point de sens commun, mes pères, disait Pascal, je ne
« puis pas vous en donner » ; et quelques lignes plus loin : « Vous me faites
« pitié, mes pères. »

(*Provinciales*, Lettre XVI.)

« ... ce ne sont pas les bulles seules qui prouvent la vérité des faits :
« mais, au contraire, selon les canonistes mêmes, c'est la vérité des faits qui
« rend les bulles recevables. »

(*Provinciales*, Lettre XVIII.)

« La plus petite injustice faite au plus petit citoyen peut produire une
révolution. »

(ARISTOTE, *Politique*, liv. VIII: *Théorie des Révolutions.*)

« L'erreur se contredit toujours, la vérité jamais. »
(HELVETIUS).

Lyon, le 14 Novembre 1899.

LES LYONNAISES

LETTRE PREMIÈRE

Que l'esprit jésuitique a présidé en général aux décisions intervenues dans les affaires de banques

« La vérité est une et ferme. »
Pascal, *Pensées*.

Lyon, 20 octobre 1890.

Mon cher Ami,

Vous avez lu *les Provinciales*. Vous savez que ces bons pères jésuites avaient imaginé des doctrines favorables aux usuriers, aux banqueroutiers, aux larrons, aux juges corrompus ; que, par un simple détour d'intention, ils exemptaient de simonie ; qu'ils autorisaient les domestiques à voler leurs maîtres, doctrine qu'un certain Jean d'Alba, leur valet, leur avait appliquée ; qu'ils légitimaient l'acquisition des biens par les voies honteuses ; qu'ils avaient des principes commodes pour ne point restituer ; qu'ils justifiaient le meurtre, et particulièrement le meurtre en trahison, par un seul changement de terme, en le qualifiant de meurtre en cachette ; que, d'après eux, on pouvait tuer pour un cheval, pour un écu, et même pour une pomme, comme pour un simple geste ou un signe de mépris ; qu'ils étendaient la permission de tuer aux religieux et aux prêtres mêmes ; qu'ils avaient une affection toute spéciale pour la calomnie, et qu'elle occupait une place d'honneur dans le rang de leurs grands principes (1) ; qu'ils soutenaient que si des juges n'avaient pas le

---

(1) Thèses publiques de Louvain de l'année 1645 : « Ce n'est qu'un péché véniel de calomnier et d'imposer de faux crimes pour ruiner de créance ceux qui parlent mal de nous. *Quidni non nisi ceniale sit, detrahentis auctoritatem magnam, tibi noxiam, falso crimine elidere ?* » (*Provinciales*, Lettre xv) Et Pascal continue en disant : « Et cette doctrine est si constante parmi vous, que quiconque l'ose attaquer, vous le traitez d'ignorant et de téméraire. » Ce qu'il prouve immédiatement par une longue citation où se trouve mentionné le témoignage des plus éminents jésuites en faveur de la calomnie. Et il termine ainsi ce paragraphe : « Et c'est pourquoi vous l'avez tellement autorisée (la calomnie), que les casuistes s'en servent comme d'un principe indubitable. »
« Il est constant, dit Caramuel, n. 1151, que c'est une opinion probable qu'il n'y a « point de péché mortel à calomnier faussement pour conserver son honneur (*a*) ; car elle

---

(*a*) Remarquons bien qu'ici, selon les bons pères jésuites, on pouvait calomnier faussement ceux-là mêmes qui vous avaient attaqué justement dans votre honneur ; et que, selon Lessius, on pouvait même tuer ceux qui se disposaient à faire des révélations scandaleuses, quoique vraies. (*Provinciales*, Lettre viii). Et il faut se rappeler que les jésuites n'imprimaient rien sans l'approbation des théologiens de la Compagnie et la permission de leurs supérieurs. (*Provinciales*, Lettres v et ix.)

droit de vendre la justice, parce que la justice se doit, ils avaient celui de vendre l'injustice, parce que l'injustice ne se doit pas, et qu'ainsi ils pouvaient prendre des présents pour rendre des arrêts injustes, etc. Il est vrai que, par un corollaire fort utile, ils permettaient de tuer et les faux témoins et le juge corrompu qui les favorisait, ce qui était assez conforme à l'esprit de la loi des Douze Tables : *Si clienti fraudem fecerit, sacer esto* (1).

Vous y avez vu ces artificieuses et admirables subtilités, connues sous les noms de *doctrine des opinions probables, doctrine des équivoques, direction d'intention, restrictions mentales, interprétation des termes, circonstances favorables, double probabilité du pour et du contre*, etc., toutes choses, doctrines ou subtilités, dont le faisceau constitue ce qu'on est convenu d'appeler **le jésuitisme.**

Vous me direz peut-être que c'est là de l'histoire ancienne. Mais je soutiens, au contraire, que c'est de l'histoire toute moderne : et qu'en fait de raisonnements captieux, de subtilités d'équivoques, de fines méthodes, propres à faire échapper les grands et les puissants aux réclamations portées contre eux devant les tribunaux, par les petits et les faibles, jamais le jésuitisme ne fut plus vivant ni plus triomphant (2).

« est soutenue par plus de vingt docteurs graves, par Gaspard Hurtado et Dicastillus, « jésuites, etc. ; *de sorte que, si cette doctrine n'était probable, à peine y en « aurait-il aucune qui le fût en toute la théologie.* » (*Provinciales*, Lettre xv)
Sur le principe de la calomnie permise, il est assez curieux de lire le démêlé qui eut lieu entre le curé de Saint-Nizier, à Lyon, M. Puys, et le père Alby. (*Provinciales*, Lettre xv.)

(1) *Qui fera une fraude au client, qu'il soit sacrifié.* (Loi des Douze Tables.)
Voici maintenant quelques-uns des sentiments de ces bons pères sur leur propre compte : « Ce sont de ces hommes éminents en doctrine et en sagesse, qui sont tous conduits par la sagesse divine, qui est plus assurée que toute la philosophie... » « C'est une société d'hommes. ou plutôt d'anges, qui a été prédite par Isaïe en ces paroles : « Allez, anges prompts et légers. » « Ce sont des esprits d'aigles ; c'est une troupe de phénix. » « Ils ont changé la face de la chrétienté. » Extrait de leur livre intitulé : *Imago primi sæculi.* (*Provinciales*, Lettre v.)

(2) On sait de reste que les jésuites se mirent toujours du côté des grands et des puissants ; ces jésuites, a dit M. Louandre, « qu'on voit reparaître à tous les horizons de l'histoire dans les luttes où le droit divin et le droit des peuples sont en présence. » (*Précis historique sur le Jansénisme et les Provinciales.*)
Quelle condamnation plus formelle de la forme d'un gouvernement, que d'en voir les plus ardents défenseurs et les plus fermes auxiliaires parmi des hommes qui soutiennent, sans en convenir, les principes jésuitiques ? Quelle preuve plus péremptoire que le régime monarchique n'a de raison d'être que dans l'arbitraire, et qu'il ne peut subsister qu'en s'attachant à ces principes. Saint Thomas d'Aquin a donc vu très juste : et ses maximes politiques (Z), plus effrénées encore que celles de Machiavel dans son livre du *Prince*, attestent assez l'évidence de ce que j'avance ici Mais, comme l'a dit Rousseau, *le Prince* est le livre des républicains. Il suffit de le lire pour concevoir de l'horreur pour un régime que la force des choses tend toujours fatalement à conduire au despotisme. avec le cortège innombrable des maux qui en sont inséparables. « Si la Peste, disait Gordon, avait des jarretières, des cordons et des pensions à donner, il est des théologiens

(Z) On peut voir, à la suite de cette Lettre, au signe Z, un exposé de ce qu'enseignait saint Thomas d'Aquin. Il y a été transporté pour ne pas trop allonger ici cette note.

Si je sais vous montrer, par un exemple sensible, si peu important ou si peu intéressant qu'il soit par lui-même, que ces doctrines étranges, que Pascal avait si bien su flétrir et couvrir d'un ridicule indestructible, ont été appliquées, d'une façon suivie et constante, dans un seul cas, et ce cas ce sera le mien ; je ne dirai pas *ab uno disce omnes*, mais je concluerai, et vous concluerez aussi, je crois, qu'il serait bien extraordinaire que, « ne faisant qu'un même corps et n'agissant que par un même esprit », ces étonnantes doctrines n'aient pas été utilisées souvent aussi dans d'autres cas.

Ne riez pas de ce que je vais dire. Dans le procès dont j'ai promis de vous raconter la cause et le cours, en dehors de quelques faits particuliers, pour répondre à vos confidences, j'imagine que l'insuccès de mes efforts jusqu'à ce jour doit être attribué en grande partie à l'influence pernicieuse exercée par la première impression, à Lyon, des *Œuvres d'Escobar* (1), et je crois fermement que l'esprit jésuitique s'est propagé et maintenu avec la plus grande énergie dans notre ville, grâce aux écrits de ce grand homme, qui y en avaient jeté les premières semences et en

---

assez vils et des juriconsultes assez bas pour soutenir que le règne de la Peste est de droit divin et que se soustraire à ses malignes influences est se rendre coupable au premier chef (a). » A combien d'autres aujourd'hui qu'à ces théologiens et à ces jurisconsultes pourrait-on étendre ce que Gordon disait d'eux !

« — Qu'en penses-tu ? disait Socrate à Adimante. N'est-ce pas ce que font les Etats mal gouvernés qui défendent aux citoyens, sous peine de mort, de toucher à leur constitution, tandis que celui qui traite le plus agréablement les vices du gouvernement, qui va au-devant de ses désirs, qui prévoit de loin ses intentions et qui est assez habile pour les remplir, celui-là passera pour un citoyen vertueux, un profond politique et sera comblé d'honneurs..... N'admires-tu pas ceux qui consentent, qui s'empressent même à donner leurs soins à de pareils Etats ? N'admires-tu pas leur courage et leur habile complaisance ?

« *Adimante*. — Oui, j'admire ces hommes, excepté ceux qui se laissent tromper et qui s'imaginent qu'ils sont réellement des hommes d'Etat, à cause des applaudissements que 'eur donne la multitude.

« *Socrate*. — Que dis-tu ? Ne veux-tu pas les excuser ? Crois-tu qu'un homme qui ne sait pas mesurer puisse s'empêcher de croire qu'il a quatre coudées, lorsqu'il l'entend dire à beaucoup de personnes ? (b). »

« Paix, monseigneur, disait en l'étranglant, d'après Brantôme, l'exécuteur de l'infortuné don Carlos, infant d'Espagne, qui criait et voulait se débattre, paix, tout ce qu'on en fait n'est que pour votre bien (c). »

N'est-ce pas là, à peu près, le langage qu'on tient au grand enfant qui s'appelle le peuple, s'il s'avise de vouloir la Révision ?

D'après ce que disait Socrate de certains gouvernements, au sujet de leur constitution, je ne m'étonne en effet que d'une chose, c'est qu'à l'instar de Caramuel, qui agitait cette question : *savoir si les jésuites peuvent tuer les jansénistes*, nos grands hommes du jour n'aient pas résolu cette autre question : *savoir si les Constitutionnels peuvent tuer les Révisionnistes ?*

---

(1) Ces œuvres furent imprimées à Lyon en 1644 et 1646. (*Provinciales*, Lettre VIII).

(a) Cité par Helvétius, dans son livre *De l'Esprit*, discours III, ch. XIX.

(b) Platon, *République*, liv. IV, div. I, § 5.

(c) Rousseau, *Lettres de la Montagne*, partie I, Lettre IV.

avaient fait un des champs les plus fertiles pour cette belle culture (1).

S'il vous plaît, en effet, de relire la huitième Lettre de Pascal, vous y trouverez à la fin le *post-scriptum* suivant : « *P.-S.* — J'ai toujours oublié à « vous dire qu'il y a des **Escobar** de différentes impressions. Si vous en « achetez, prenez de ceux de Lyon, où à l'entrée il y a une image d'un « agneau qui est sur un livre scellé de sept sceaux, ou de ceux de Bruxelles « de 1651... » Et il ajoute en note : « Depuis tout ceci, on a fait une nouvelle « édition à Paris, chez Piget, plus exacte que toutes les autres. *Mais on « peut encore bien mieux apprendre les sentiments d'Escobar dans la « grande* THÉOLOGIE MORALE *imprimée à Lyon* (2) ».

Voilà, à ce qu'il me semble, l'origine de la fondation, dans notre ville, de la citadelle jésuitique.

Mais si l'esprit jésuitique a fait plus particulièrement élection de domicile parmi certains de nos magistrats lyonnais, il n'en a pas moins eu de prosélytes dans le corps entier ; et, puisque le sujet m'y porte, pour vous le marquer, avant de parler de ce qui me concerne, j'entrerai d'abord dans une digression qui se liera par un côté à l'objet général de ces Lettres.

Il n'y a pas si longtemps qu'on a vu éclore dans notre malheureux pays ces multitudes de banques, dont on pourrait dire qu'elles ont été autant de plaies ou de fléaux. On sait ce qui est arrivé. Une foule innombrable d'actionnaires ou autres y ont été ruinés ; et cependant la plupart de ces banques n'avaient contribué à la création d'aucun canal, d'aucun chemin de fer, dont l'insuccès pût justifier leur ruine, le seul qu'elles aient jamais construit allant de la poche des actionnaires dans la leur.

Je suis, je vous prie de le croire, complètement désintéressé dans la question, n'ayant jamais engagé un centime dans ces sortes de banques, à une époque où il m'eût été facile de le faire, parce que j'avais malheureusement trop bien pressenti qu'on allait nous donner une nouvelle représentation de ce que l'incrédule milord Stairs appelait alors « prouver le mystère de

---

(1) « Il n'y a pas de ville, a dit Couthon, où le peuple ait été plus enchaîné qu'à Lyon par l'aristocratie. » On le vit bien, à l'époque mémorable du siège. où l'on sut si habilement pousser les malheureux lyonnais à lutter contre leur propre affranchissement. Allez-vous encore, dira-t on, attribuer ceci à Escobar ? Non : mais beaucoup à ses disciples.

(2) « Qui est Escobar, lui dis-je, mon père ? Quoi ! vous ne savez pas qui est Escobar, de notre société, qui a compilé cette *Théologie morale* de vingt-quatre de nos pères, sur quoi il fait, dans la préface, une « allegorie de ce livre à celui de l'Apocalypse qui était scellé de sept sceaux ? » et il dit que « Jésus l'offre ainsi scellé aux quatre ani-« maux, Suarez, Vasquez, Molina, Valentia, en présence de vingt-quatre-jésuites, qui « représentent les vingt-quatre vieillards ? »

« ... Peut-on. sans rompre le jeûne, boire du vin à telle heure qu'on voudra et même « en grande quantité ? On le peut, et même de l'hypocras. » (*Escobar,* tr. i, n. 75.) « Je ne « me souvenais pas de cet hypocras, dit le père, il faut que je le mette sur mon « recueil. » Voilà un honnête homme, lui dis-je, qu'Escobar.

« ... Celui qui s'est fatigué à quelque chose, comme à poursuivre une fille, *ad inse-« quendam amicam*, est-il obligé de jeûner ? Nullement. Mais s'il s'est fatigué exprès « pour être par là dispensé du jeûne, y sera-t-il tenu ? Encore qu'il ait eu ce dessein « formé, il n'y sera point obligé. » Selon Filiutius, un des vingt-quatre jésuites t. ii tr. 27, part. 2, c. 6, n. 143. (Lettre v.) »

la transsubstantiation par le changement des espèces en papiers (1) ». Et puisque encore ce souvenir me reporte à d'autres temps, je vous rappellerai ce qui se passa en Angleterre à l'époque du Système.

La fièvre de l'agiotage y ayant pénétré, de grands seigneurs, de hauts fonctionnaires, qui avaient reçu des sommes énormes de la Compagnie (2), « sans parler des bénéfices que leur position leur avait permis de faire », furent poursuivis et eurent leurs biens confisqués(3).« Les quatre directeurs de la Compagnie, membres des communes, et plusieurs députés compromis dans ses opérations, furent chassés de la Chambre, dépouillés de leurs biens, et déclarés incapables de remplir à l'avenir aucune fonction (4).

En France, on fut plus indulgent. Une foule de grands seigneurs s'enrichirent, et le désastre porta principalement sur les masses, par suite des décisions arbitraires du Régent, auxquelles Law ne sut pas assez résister, et qui, portant à 9,000 livres le taux des actions de la Compagnie des Indes, objet principal de l'agiotage, lesquelles se pouvaient échanger contre 9,000 livres de billets de l'autre banque, ruinèrent l'une au profit de l'autre, sans en sauver aucune (5).

Or, si notre *prétendue République* (X) est tout ce qu'il vous plaira,

---

(1) Duclos, *Mémoires secrets sur les règnes de Louis XIV et de Louis XV.*

(2) Cette Compagnie avait le titre de « *Gouverneur et Compagnie de la Grande-Bretagne pour le commerce dans les mers du Sud et en Amérique.* » Chaque jour, disent MM. de Roujoux et Alfred Mainguet, voyait éclore quelque nouvelle compagnie de commerce, quelque association qui, à l'instar de la Compagnie du Sud, promettaient à leurs souscripteurs des bénéfices certains et illimités. (*Histoire d'Angleterre*, règne de Georges Ier.)

(3) Aislabie fut enfermé à la Tour, après avoir été chassé de la Chambre des communes. Craggs mourut de la petite vérole au moment où son procès allait commencer.

(4) Les deux maîtresses du roi, mademoiselle Schulemberg, duchesse de Kendall, et la comtesse de Platen furent également compromises. On n'osa pas les poursuivre, *ibid.*)

On sait que Robert Walpole, qui s'était vainement opposé de toutes ses forces à l'organisation d'un système d'agiotage reposant sur des promesses évidemment illusoires et qui ne pouvait conduire qu'à des désastres, étant revenu au pouvoir, fit tout ce que dépendait de lui pour réparer les dommages, se servant des biens confisqués pour indemniser ceux qui avaient le plus souffert, etc., (*Histoire d'Angleterre, ibid.*)

(5) Thiers, du *Système de Law.* On sait que les actions de la *Compagnie des Indes occidentales*, émises, en 1718, à 500 livres, montèrent à 10,000 livres, un mois après à 15,000 et, fin décembre, à 20,000 livres.

Et je ne parle pas ici des nombreuses faveurs particulières, qu'accorda le Régent, notamment à des seigneurs qui avaient vendu leurs terres pour acheter des actions de la Compagnie, et qui, au moment de la décadence du système, purent, grâce à lui, obtenir leur remboursement, non pas à 9,000, mais à 10,000, à 12,000 et même à 13,500 livres. Rien qu'en petites faveurs de ce genre, il y en eut pour plus de 22 millions. On peut consulter là-dessus les *Mémoires justificatifs* de Law, qui les consigne, et qui dut s'exécuter sur l'ordre du Régent.

« Le système de Law, dit Duclos, n'a enrichi que des fripons grands et petits, ruiné la classe moyenne, la plus honnête et la plus utile de toutes, bouleversé les conditions, corrompu les mœurs, et altéré le caractère national. » (*Mémoires secrets sur les règnes de Louis XIV et de Louis XV*). Ce que je rapporte ici, non pour ravaler le génie financier de Law, mais pour marquer les effets de ces improbités.

C'est ce même Duclos, qui, le premier, a dit : « Ils nous craignent comme les voleurs craignent les reverbères. » (*Ibid.*)

(X) Vu sa longueur, la note consacrée aux mots « *prétendue République* », a été transportée à la suite de cette Lettre, où le lecteur curieux pourra l'y parcourir.

excepté la République, il n'est pas moins exact de dire qu'on a résolu alors le difficile problème d'en faire une *République-Régence*.

Mêmes faits, même arbitraire, sous une autre forme et par un autre pouvoir. Les uns sont dépouillés, les autres récoltent leur argent ; aux uns le papier, aux autres la monnaie.

N'attendez pas ici que je recherche par quelles subtilités d'arguments les choses ont été arrangées ainsi : ce serait me perdre volontairement dans de vains détails. Pour juger de leur valeur, il suffit de constater le résultat. En fait, on a vu, d'un côté, une infinité de gens perdre en un moment le fruit de leurs longs labeurs ; de l'autre, d'autres, en plus petit nombre, qui se l'appropriaient lestement par des moyens condamnés par le bon sens, et par les lois, si elles eussent été appliquées. Il n'en faut pas davantage pour prouver ce que j'ai avancé, savoir : que les principes jésuitiques ont été exactement suivis dans ces affaires, et qu'on a aussi parfaitement et aussi subtilement que possible légitimé l'acquisition des biens par les voies honteuses et illicites ; car je ne pense pas que personne ose soutenir qu'ils aient été acquis par des voies honnêtes et permises (1).

(1) On ne peut voir sans émotion, dans les *Mémoires* de Duclos, la stupeur et la consternation qui s'emparèrent des esprits à la chute du système de Law. Nous avons vu se produire les mêmes effets à la suite des mêmes désastres. « Le plus puissant aiguillon des pervers, a dit Tacite (*Histoires*, liv. 1), est dans la consternation des gens de bien. » Je suis persuadé que si la masse des actionnaires s'était un peu plus montrée, les choses auraient tourné tout autrement. Mais, en leur laissant l'espoir d'obtenir justice, on les a lancés dans un océan de difficultés judiciaires, qu'on savait bien devoir rendre interminables, et on les a ainsi maintenus, par espoir, par longueur, et enfin par force, dans leur état primitif de spoliés (*a*).

C'était une chose tristement risible, d'entendre ceux qui se défendaient contre les actionnaires, se moquer d'eux en leur prêchant la conciliation, à la condition de garder leurs biens, et les engager, en quelque sorte, à renoncer à ces mêmes biens dans ce monde, pourvu qu'ils en jouissent eux-mêmes. Ils auraient tenu un autre langage, s'ils n'avaient été assurés de l'impunité. « Le remords commence, a dit Helvétius, dès que l'impunité cesse. »

Mais je dis, en outre, qu'à ne considérer la chose qu'en elle-même et sans envisager son côté moral, cette concentration, par le moyen des banques et de leurs extorsions, des biens d'un grand nombre dans les mains d'un plus petit nombre, a été funeste au pays, l'argent circulant moins par un nombre de canaux réduit que par un plus grand nombre, et je crois pouvoir ajouter que nous nous ressentons et que nous nous ressentirons longtemps encore des malheureux effets produits par cette situation.

Nemo auditur suam turpitudinem allegans. Mais il me semble que la turpitude résidait dans le fait d'employer des moyens honteux pour extorquer l'argent du public, et parmi ceux qui les avaient employés, et non parmi les actionnaires qui n'avaient eu que le tort de donner leur confiance à des hommes en l'honnêteté desquels ils avaient cru jusqu'à l'accomplissement du fait, lequel, leur faisant recouvrer la vue, ne leur faisait pas recouvrer l'argent

La curiosité m'attira un jour au tribunal de commerce de notre ville, où je voyais se diriger des personnes en assez grand nombre. Il s'agissait d'une affaire de banque : il fallait décider si des administrateurs qui n'avaient pas versé le quart sur leurs actions,

(*a*) J'ai entendu souvent adresser aux actionnaires le reproche suivant : « Pourquoi êtes-vous allés porter votre argent dans ces banques ? Ce reproche, je l'avoue, est fondé ; car, s'ils n'y avaient pas porté, on ne le leur aurait pas pris. Mais je ne vois pas bien la différence qu'il y a entre ce raisonnement et le suivant :

On me vole ma montre, j'en réclame la restitution de la part du voleur. On me répond : Pourquoi vous êtes-vous allé promener avec une montre ? J'en conviens : mais est-ce une raison pour que la montre lui reste acquise ?

« C'est par cette conduite *obligeante* et *accommodante*, comme l'appelle le père Pétau, qu'ils (les jésuites) tendent les bras à tout le monde. Car suivant les prescriptions formelles des lois sur les sociétés, devaient être considérés comme en règle.

J'écoutai diverses sommités du barreau, et je ne fus pas peu surpris de leur entendre soutenir que, du moment où des gens d'un certain rang, d'une certaine qualité, avaient souscrit, on devait considérer que, de leur part, cette souscription équivalait à un versement. Je ne voulus pas en entendre davantage, et je me retirai, me demandant avec stupéfaction si l'étude approfondie du droit avait pour effet fatal d'en mener quelques-uns à l'anéantissement du bon sens (a). On m'a affirmé pourtant depuis que cette thèse avait prévalu. Je me permettrai cependant de faire observer que la loi spécifiait *verser*, et ne s'était pas bornée à dire *souscrire*, et j'avancerai même, à mon tour, comme une opinion *fortement probable*, que si le législateur avait entendu dire simplement *souscrire*, il ne se serait pas servi du terme parfaitement clair de *verser*. Je demanderai, en conséquence, quelle mine feraient des magistrats peu fortunés, à qui l'État ne donnerait, pour tout traitement, que cette réponse : Je ne vous paie pas, mais c'est tout comme, puisque j'ai souscrit l'engagement de vous payer, et qui, finalement, ne recevraient pas un centime. Trouveraient-ils que cette souscription équivaut à un versement ? C'était cependant à quoi se réduisait toute la question.

Il est vrai qu'en payant de rang et de qualité, certains ont trouvé moyen, dans des banques de province, de passer à d'autres, contre un argent dont ils n'ont jamais reçu jusqu'ici que leur papier, pour jusqu'à un million, d'actions sur lesquelles ils n'avaient pas versé un centime ; ce qui était, à coup sûr, un moyen comme un autre de se distinguer. Le rang et la distinction sont évidemment bons à quelque chose devant nos juges.

Entraîné toujours par la curiosité, j'allai une autre fois au Palais de justice pour entendre le ministère public dans une affaire de banque, où, prétendait-on, divers articles des lois sur les sociétés avaient été violés. L'organe du pouvoir prit la parole. J'écoutai religieusement. Il examina d'abord le premier article visé. Oh! pour celui-là, il avait bien été violé ! Bon ! me disais-je, les voilà pincés ! Mais, au bout d'un moment, il se trouvait que cet article n'avait pas été violé, ou presque pas. Il passa au suivant. Oh ! pour le coup, celui-là avait été bien évidemment violé ! Oh ! pour le coup, me disais-je, les voilà bien pris ! Mais, encore cette fois, il se trouvait que l'article n'avait pas été violé, ou presque pas. Et ainsi de suite.

Il me semblait que j'avais déjà entendu ce langage quelque part. Je me trompais. Mais celui-ci n'y a-t-il pas quelque rapport :

« Dire que l'usure n'est pas péché, dit Escobar (tr. 3, ex. 5, n. 1), ce serait une hérésie. » Et notre père Bauny, dans sa *Somme des Péchés* ch. XIV, remplit plusieurs pages des peines dues aux usuriers. Il les déclare « infâmes durant leur vie, et indignes de sépulture après leur mort. » O mon père ! je ne le croyais pas si sévère (b). Il l'est quand il le faut, me dit-il ; mais aussi ce savant casuiste ayant remarqué qu'on n'est attiré à l'usure que par le désir du gain, il dit au même lieu : « On n'obligerait donc « pas peu le monde, si, le garantissant des mauvais effets de l'usure et tout ensemble « du péché qui en est la cause, on lui donnait le moyen de tirer autant et plus de pro- « fit de son argent par quelque bon et légitime emploi, que l'on en tire des usures... »

... Et c'est pourquoi notre père Escobar fait éviter l'usure par un *simple détour d'intention* ; c'est au tr. 3, ex. 5, n. 4, 33, 44 : « Ce serait usure, dit-il, de prendre « du profit de ceux à qui on prête, si on l'exigeait comme dû par justice : mais si on « l'exige comme dû par reconnaissance, ce n'est point usure. » Et n. 3 : « Il n'est pas « permis d'avoir l'intention de profiter de l'argent prêté immédiatement ; mais de le « prétendre par l'entremise de la bienveillance de celui à qui on l'a prêté, *media be- « nevolentia*, ce n'est point usure. » (*Provinciales*, Lettre VIII).

Lecteur, qu'en pensez-vous ? N'est-ce pas ici « *corriger le vice du moyen par la pureté de la fin ?* » **et ne vous semble-t-il pas que la souscription, équivalant au versement, a fait éviter le péché, tout en permettant de réaliser honnêtement le profit ?**

(a) « Si vous n'avez point de sens commun, mes pères, disait Pascal, je ne puis pas vous en donner. » (*Provinciales*, Lettre XVI).

(b) Pour comprendre l'ironie de cette exclamation de Pascal, il faut savoir que le père Bauny était l'inventeur d'un système, à l'aide duquel on pouvait *pécher sans pécher*. Ce système reposait sur la *doctrine de la grâce actuelle*. Donnons de ceci quel-

s'il se présente à eux quelqu'un qui soit tout résolu à rendre des biens mal
acquis, ne craignez pas qu'ils l'en détournent ; ils loueront au contraire

que éclaircissement, en transcrivant simplement le dialogue entre le père jésuite et
Pascal.

Qu'est-ce que la *grâce actuelle* ?

« Nous appelons (disait le père) grâce actuelle, une inspiration de Dieu par laquelle
« il nous fait connaître sa volonté, et par laquelle il nous excite à la vouloir accom-
« plir. » En quoi, lui dis-je (c'est Pascal qui parle), êtes-vous en dispute avec les jansénistes sur ce sujet ? C'est, me répondit-il, en ce que nous voulons que Dieu donne
des grâces actuelles à tous les hommes, a chaque tentation ; parce que nous soutenons que, si l'on n'avait pas à chaque tentation la grâce actuelle pour n'y point pécher, quelque péché que l'on commît, il ne pourrait jamais être imputé, et les jansénistes disent, au contraire, que les péchés commis sans grâce actuelle ne laissent
pas d'être imputés ; mais ce sont des rêveurs. J'entrevoyais ce qu'il voulait dire ;
mais, pour le lui faire encore expliquer plus clairement, je lui dis : Mon père, ce mot
de *grâce actuelle* me brouille ; je n'y suis pas accoutumé : si vous aviez la bonté de
me dire la même chose sans vous servir de ce terme, vous m'obligeriez infiniment.
Oui, dit le père ; c'est-à-dire que vous voulez que je substitue la définition à la place
du défini : cela ne change jamais le sens du discours ; je le veux bien. Nous soutenons
donc, comme un principe indubitable, « qu'une action ne peut être imputée à péché,
« si Dieu ne nous donne, avant de la commettre, la connaissance du mal qui y est, et
« une inspiration qui nous excite à l'éviter. » M'entendez-vous maintenant ?

... Voyez, me dit le père, la somme des péchés du père Bauny, p. 906. Je lus donc et
je trouvai ces paroles : « Pour pécher et se rendre coupable devant Dieu, il faut sa-
« voir que la chose qu'on veut faire ne vaut rien, ou au moins en douter, craindre ;
« ou bien juger que Dieu ne prend plaisir à l'action à laquelle on s'occupe, qu'il la
défend, et nonobstant la faire, franchir le saut, et passer outre... »

... Voulez-vous, ajouta-t-il, une autorité plus authentique ? Voyez ce livre du père
Annat. C'est le dernier qu'il a fait contre M. Arnauld ; lisez la page 34, où il y a une
oreille ; elles sont toutes d'or. Je lus donc ces termes : « Celui qui n'a aucune pensée de
« Dieu, ni de ses péchés, ni aucune appréhension, c'est-à-dire, a ce qu'il me fît enten-
« dre, aucune connaissance de l'obligation d'exercer des actes d'amour de Dieu, ou de
« contrition, n'a aucune grâce actuelle pour exercer ces actes ; mais il est vrai aussi
« qu'il ne fait aucun péché en les omettant ; et que, s'il est damné, ce ne sera pas en
« punition de cette omission. » Et quelques lignes plus bas : « Et on peut dire la même
« chose d'une coupable commission. »

Voyez-vous, me dit le père, comme il parle des péchés d'omission, et de ceux de
commission ? Car il n'oublie rien. Qu'en dites-vous ? O que cela me plaît ! lui répon-
dis-je ; que j'en vois de belles conséquences. Je perce déjà dans les suites : que de
mystères s'offrent à moi ! Je vois, sans comparaison, plus de gens justifiés par cette
ignorance et cet oubli de Dieu, que par la grâce et les sacrements. Mais, mon père, ne
me donnez-vous point une fausse joie ? et, n'est-ce point ici quelque chose de semblable
à cette *suffisance* (*) qui ne suffit pas ? J'appréhende furieusement le *distinguo* : j'y ai déjà
été attrapé. Parlez-vous sincèrement ? Comment ! dit le père en s'échauffant, il n'en
faut pas railler. *Je n'en raille pas, lui dis-je ; mais c'est que je crains à force de
désirer.*

« Voyez donc, me dit-il, pour vous en mieux assurer, les écrits de M. le Moine, qui
l'a enseigné en pleine Sorbonne. Il l'a appris de nous, à la vérité, mais il l'a bien
démêlé. O qu'il l'a fortement établi ! Il enseigne que, pour faire qu'une action soit
péché, il faut que *toutes ces choses se passent dans l'âme*. Lisez et pesez chaque mot.
Je lus donc en latin ce que vous verrez ici en français. « 1. D'une part, Dieu répand
« dans l'âme quelque amour qui la penche vers la chose commandée ; et, de l'autre
« part, la concupiscence rebelle la sollicite au contraire. 2. Dieu lui inspire la con-
« naissance de sa faiblesse. 3. Dieu lui inspire la connaissance du médecin qui la doit
« guérir. 4. Dieu lui inspire le désir de sa guérison. 5. Dieu lui inspire le désir de le
« prier et d'implorer son secours. »

« Et si toutes ces choses ne se passent dans l'âme, dit le jésuite, l'action n'est pas
« proprement péché, et ne peut être imputée, comme M. le Moine le dit en ce même
« endroit et dans toute la suite. » (**)

Aurais-je découvert, sans m'en douter, la clé du mystère qui a fait juger de la façon
que l'on sait toutes ces affaires de banques ? Je veux dire : Ne pourrait-on pas présu-
mer que la plupart de nos magistrats, pétris dès leur plus tendre enfance des excel-
lents principes de ces bons pères, n'aient cru très involontairement et très consciencieusement à la parfaite innocence de cette foule de fondateurs ou administrateurs de
banques, parce qu'ils ont pu penser que, s'ils avaient eu le *pouvoir prochain* de s'approprier l'argent des autres, ils n'avaient pas à ce moment-là même la *grâce actuelle*?

Lecteurs perspicaces ou sagaces, décidez.

(*) C'est la doctrine de la *grâce suffisante*. Nous jugeons inutile de l'expliquer ici.
(**) *Provinciales*, Lettre IV.

et confirmeront une si sainte résolution. Mais qu'il en vienne un autre qui veuille avoir l'absolution sans restituer ; la chose sera bien difficile, s'ils n'en fournissent des moyens dont ils se rendront les garants (1). »

J'ignore s'il est jamais entré dans la pensée de quelques-uns de restituer. Dans ce cas, ils auraient pu en être détournés par la lecture du livre 8, *De la Hiérarchie*, par le révérend père Cellot (cité par Pascal) (2). Mais pour ceux qui n'ont pas été animés de cette sainte pensée, il est certain qu'ils ont pu garder l'argent et qu'ils ont eu l'absolution, ou à peu près. Cependant, nos magistrats auraient-ils osé dire, comme ce père jésuite : « Les hommes sont aujourd'hui tellement corrompus, que, ne pouvant les faire venir à nous, il faut bien que nous allions à eux ; autrement ils nous quitteraient : ils feraient pis, ils s'abandonneraient entièrement. Et c'est pour les retenir que nos casuistes (3) ont considéré les vices auxquels on est le plus porté dans toutes les conditions, afin d'établir des maximes si douces, sans toutefois blesser la vérité, qu'on serait de difficile composition si l'on n'en était content ; car le dessein capital que notre société a pris pour le bien de la *justice* (4) (je mets ici, pour le discours, *justice* à la place de *religion*) et de ne rebuter qui que ce soit *pour ne pas désespérer le monde* (5). »

Je conviens qu'on eût sans doute désespéré, en les obligeant à restituer, ceux qui s'étaient approprié le bien des autres, mais on n'a certainement pas contenté, ni même consolé, ceux aux dépens desquels ils avaient été

---

(1) *Provinciales*, Lettre v.

(2) *Provinciales*, Lettre viii. Voici le passage : « Nous savons, dit-il, qu'une per-
« sonne qui portait une grande somme d'argent pour la restituer, par ordre de son
« confesseur, s'étant arrêté en chemin chez un libraire et lui ayant demandé s'il n'y
« avait rien de nouveau, *num quid novi?* il lui montra un nouveau livre de théologie
« morale, et que, le feuilletant avec négligence et sans penser à rien, il tomba sur son
« cas, et y apprit qu'il n'était pas obligé à restituer ; de façon que, s'étant déchargé du
« fardeau de son scrupule et demeurant toujours chargé du poids de son argent, il s'en
« retourna bien plus léger en sa maison : *abjecta scrupuli sarcina, retento auri
« pondere, levior domum repetiit.* »

Et il continue par cette pieuse réflexion sur le bonheur de cette rencontre : « Les
« rencontres de cette sorte sont, en Dieu, l'effet de sa providence ; en l'ange gardien,
« l'effet de sa conduite ; et en ceux à qui elles arrivent, l'effet de leur prédestination.
« Dieu, de toute éternité, a voulu que la chaîne d'or de leur salut dépendît d'un tel
« auteur et non pas de cent autres qui disent la même chose, parce qu'il n'arrive pas
« qu'ils les rencontrent. *Conjurons donc, par les entrailles de Jésus-Christ, ceux
« qui blâment la multitude de nos auteurs de ne pas leur envier les livres que
« l'élection éternelle de Dieu et le sang de Jésus-Christ leur a acquis.* »

(3) J'observerai ici que, de même que parmi les casuistes il y en avait de deux sortes,
les sévères, en petit nombre, pour le petit nombre de gens austères, les relâchés, en plus
grand nombre, pour le plus grand nombre de ceux qui cherchent le relâchement, la
justice semble aussi suivre deux voies : la première consiste à frapper impitoyablement
les petits qui se rendent coupables de quelque méfait (pour ceux-là, pas de maximes
douces), sans doute pour montrer que la justice suit bien son cours ; la seconde consiste
à se montrer favorable et accommodant pour les puissants coupables ou mis en cause
par des petits dont les intérêts ont été lésés par eux. *Væ duplici corde et ingredienti
duabus viis!*

(4) La justice est bien aussi une sorte de religion ; et, à le bien considérer, la vraie
religion n'est autre chose que la justice même.

(5) *Provinciales*, Lettre vi.

pris. Et c'est ici le lieu de rappeler les maximes de ces hommes « dont nous ne devons pas envier les livres, parce que l'élection éternelle de Dieu et le sang de Jésus-Christ nous les a acquis. »

Voici ce que le père Lessius avait décidé, et qu'Escobar confirmait au t. 3, ex. 2, n. 163 : « Celui qui fait banqueroute peut-il en sûreté de « conscience retenir de ses biens autant qu'il est nécessaire pour faire « subsister sa famille avec honneur, *ne indecore vivat ?* Je soutiens que « oui avec Lessius ; et même encore qu'il les eût gagnés par des injustices « et des crimes connus de tout le monde, *ex injustitia et notorio delicto*, **« quoiqué en ce cas il n'en puisse pas retenir en une « aussi grande quantité qu'autrement.** » (1) Voilà, certes, une dernière réserve par trop scrupuleuse, et à l'égard de laquelle on a singulièrement *franchi le saut* et *passé outre*, pour rappeler le mot du père Bauny. (Mais quelle honte pour toi, ô Escobar ! d'avoir été ainsi si manifestement dépassé !)

N'est-ce pas par *ex injustitia et notorio delicto*, que les biens dont je parle ont été acquis, et non par des voies justes et honnêtes ? Et n'eût-ce pas été le cas de redire les paroles de notre auteur, Lettre VIII : « Comment, mon père, par quelle étrange charité voulez-vous que ces biens demeurent plutôt à celui qui les a gagnés par ses voleries pour le faire subsister avec honneur, qu'à ses créanciers auxquels ils appartiennent légitimement ! » Réflexion qu'il rappelle en ces termes dans la Lettre XII : « Par quelle étrange charité voulez-vous que les biens appartiennent plutôt à ceux qui les ont mal acquis qu'aux créanciers légitimes ? »

On a beaucoup admiré ce grand principe de Montesquieu que « *les peines doivent être tirées de la nature du délit.* » Mais comment a-t-on appliqué ce grand principe, ou, si l'on veut, l'esprit de ce grand principe ? Et nos magistrats ne se sont-ils pas contentés de l'admirer spéculativement, quand notre même Escobar a si bien fait voir, quand il se mêlait de raisonner juste, que ce qui était jugé bon dans la spéculation devait être d'autant mieux suivi dans la pratique ?

---

(1) *Provinciales.* Lettre VIII.
Réunissons ici quelques unes des maximes de ces bons pères :
En voici une de Castro Palao, un des vingt-quatre vieillards : « Un juge peut-il, « dans une question de droit, juger selon une opinion probable en quittant l'opinion « la plus probable ? Oui, et même contre son propre sentiment : *Imo contra propriam « opinionem.* » Et c'est ce que notre père Escobar rapporte aussi au tr. 6, ex. 6, « n° 45 (a).
Je continue en transcrivant Pascal : « Les plus célèbres de nos pères décident formellement que ce qu'un juge prend d'une des parties qui a mauvais droit, pour rendre en sa faveur un arrêt injuste, et ce qu'un soldat reçoit pour avoir tué un homme et ce qu'on gagne par les crimes infâmes, peut être légitimement retenu. C'est ce qu'Escobar ramasse de nos auteurs, et qu'il assemble au tr. 3, ex. 1, n° 23, où il fait

(a) « O mon père, lui dis-je, voilà un beau commencement ! les juges vous sont bien obligés ; et je trouve bien étrange qu'ils s'opposent à vos probabilités*, puisqu'elles leur sont si favorables ; car vous *leur donnez par là le même pouvoir sur la fortune des hommes, que vous vous êtes donné sur les consciences.* » (*Provinciales*, Lettre VIII.)

* Il y a progrès maintenant : les juges ne s'opposent plus aux probabilités, ils les adoptent : c'est ce que je vous ferai voir quand je traiterai de mon cas particulier.

On a condamné à quelques amendes insignifiantes, ridicules même, si on les compare à l'énormité du chiffre des extorsions.

On en a frappé quelques-uns dans leur honneur, dira-t-on. Mais quelle sorte d'honneur pouvaient bien avoir des gens qui commençaient par le mettre sous leurs pieds, en recourant à des moyens honteux pour extorquer de l'argent ? La première peine à leur infliger ne devait-elle pas consister à leur faire rendre cet argent, dont l'appât les avait poussés à manquer à l'honneur ? Et c'est précisément cette peine, la seule qui leur eût été réellement sensible, qu'on leur a épargnée ! Quelle étonnante plaisanterie ! « Les péchés, disait Pascal (à l'occasion de Tannerus, qui s'efforçait d'embrouiller la question de la simonie par des termes d'école) ; les péchés n'obligent qu'à se confesser, selon vos maximes ; la simonie oblige à restituer : et il y a des personnes à qui cela paraîtrait assez différent. Car vous avez bien trouvé des expédients pour rendre la confession douce, mais vous n'en avez point trouvé pour rendre la restitution agréable (1). » D'où je conclus, par analogie, qu'on a traité nos pécheurs en confesseurs, c'est-à-dire en leur infligeant une petite pénitence, mais non en magistrats, c'est-à-dire en leur faisant rendre l'argent.

cette règle générale : « Les biens acquis par des voies honteuses, comme par un meur-
« tre, une sentence injuste, une action déshonnête, etc., sont légitimement possédés, et
« on n'est point obligé à les restituer. » Et encore au tr. 5, ex. 5, n° 53 : « On peut dis-
« poser de ce qu'on reçoit pour des homicides, des sentences injustes, des péchés infâmes,
« etc., parce que la possession en est juste, et qu'on acquiert le domaine des choses que
« l'on y gagne .. » Et Lessius le prouve amplement au tr. 2, *De Just.*, c.14, d. 8, n° 52 :
« Car, dit-il, une méchante action peut être estimée pour de l'argent, en considérant
« l'avantage qu'en reçoit celui qui l'a fait faire, et la peine qu'y prend celui qui l'exé-
« cute (*comme cela s'applique bien à quelqu'un que je connais !*). Et c'est
« pourquoi on n'est point obligé à restituer ce qu'on reçoit pour la faire, de quelque
« nature qu'elle soit, homicide, sentence injuste, action sale, etc... Vous direz peut-
« être que celui qui reçoit de l'argent pour un méchant coup pèche, et qu'ainsi il ne
« peut ni le prendre ni le retenir. Mais je réponds qu'après que la chose est exécutée,
« il n'y a plus aucun péché ni à payer, ni à en recevoir le paiement. »
Le grand Filiutius, le célèbre casuist, enseigne « qu'on est obligé en conscience
« de payer différemment les actions de cette sorte, selon les différentes conditions des
« personnes qui les commettent, et que les unes valent plus que les autres. » C'est au
tr. 31, ex. 9, n. 231. (Suit une citation latine que nous nous dispensons de reproduire).
« Un juge qui a reçu de l'argent d'une des parties pour rendre un jugement en sa
« faveur est-il obligé à le rendre ? » Transcrivons ici les *Provinciales* en leur dialogue : « Vous venez de me dire que non, mon père. Je m'en doutais bien, dit-il ; vous
« l'ai-je dit généralement ? Vous n'avez pas de raison, etc. » Ne comprenez-vous pas
que le juge doit la justice, et qu'ainsi il ne peut la vendre ; mais qu'il ne doit pas
l'injustice, et qu'ainsi il peut en recevoir de l'argent ? Aussi, tous nos principaux
auteurs, comme Molina, disp 94 et 99 ; Reginaldus, l. 10. n. 184, 185 et 187 ; Filiutius,
rr. 31, n. 220 et 228 ; Escobar, tr. 3, ex. 1, n. 21 et 23 ; Lessius, l. 2, ch. 14, d. 8
n 55, enseignent tous uniformément : « qu'un juge est bien obligé de rendre ce qu'il a
« reçu pour faire justice, si ce n'est qu'on le lui eût donné par libéralité, mais qu'il n'est
« jamais obligé à rendre ce qu'il a reçu d'un homme en faveur duquel il a rendu un
« arrêt injuste. » (*Provinciales*, Lettre VIII).
Le célèbre casuiste Basile Ponce et le père Bauny approuve son sentiment : « On
« peut rechercher une occasion directement et pour elle même, *primo et per se.*,
« quand le bien spirituel ou temporel de nous ou de notre prochain nous y porte. »
(*Provinciales*, Lettre V.)

(1) *Provinciales*, Lettre IX.

J'attribuais, en commençant, l'esprit jésuitique qui s'est glissé parmi nos magistrats lyonnais à l'influence pernicieuse des œuvres d'Escobar, et j'ajoutais que cet esprit s'était introduit, en général, dans le corps entier. Que vous semble-t-il de cette dernière assertion ?

Et voyez l'enchaînement. Dans sa somme des péchés, c. 7, p. 123, le père Bauny estime que « l'envie du bien spirituel du prochain est mor- « telle, mais que l'envie du bien temporel n'est que vénielle (1). » Re- marquez qu'ici, par une conséquence rigoureuse, on a admis dans la pratique ce que le père Bauny admettait dans la spéculation. Je veux dire que, si l'envie du bien temporel est vénielle, l'acquisition des biens temporels par les voies honteuses devient vénielle aussi. » Et pour quelle « raison, disait Pascal, le père Bauny en a-t-il décidé ainsi ? Ecoutez- la, lui dit le père : « Car le bien qui se trouve ès choses temporelles est si « mince et de si peu de considération pour le ciel, qu'il est de nulle consi- « sidération devant Dieu et ses saints. » Mais, mon père, si ce bien est si *mince* et de si petite considération, comment permettez-vous de tuer pour le conserver ? « Vous prenez mal les choses, dit le père : on vous dit que le bien est de nulle considération devant Dieu, mais non pas de- vant les hommes (2). »

Nos magistrats, ce me semble, n'ont pas charge des choses du ciel, mais simplement des choses de la terre.

Enfin, pourraient-ils dire des lois sur les sociétés ce que disaient ces bons pères jésuites des lois de l'Église, suivant leur belle maxime : « Que « ces lois perdent leur force quand on ne les observe plus, *cum jam* « *desuetudine abierunt...* » Tandis qu'il serait si facile de répondre qu'on n'observe plus les lois, quand il n'y a plus aucun danger à les violer, et, qu'au contraire, il y a toute sorte de profits à retirer en les violant.

Du moment où l'on juge les procès au spirituel d'après les principes des jésuites, au lieu de les juger au temporel, d'après les lois, nos incriminés sont évidemment en droit de répondre par la bouche du père Bauny, q. 15 : « On peut absoudre celui qui avoue que l'espérance d'être absous l'a porté « à pécher avec plus de facilité qu'il n'eût fait sans cette espérance. » Ou bien encore par celle d'Escobar, tr. 7, ex. 4, n. 188 : « Que si le pénitent « déclare qu'il veut remettre à l'autre monde à faire pénitence, et souffrir « en purgatoire toutes les peines qui lui sont dues, alors le confesseur « doit lui imposer une peine bien légère, pour l'intégrité du sacrement, et « *principalement s'il reconnaît qu'il n'en accepterait pas une plus* « *grande.* » Ou encore, suivant le même Escobar, tr. 7, ex. 4, n. 226 : « Qu'ils ont péché par un *transport soudain*, n'ayant pas « recherché *l'occasion prochaine* (3) », ce qui atténue particulièrement la

---

(1) *Provinciales*, Lettre ix.

(2) Ibid.

(3) *Provinciales*, Lettre x. « On n'appelle pas occasion prochaine, dit Escobar, « celle où l'on ne pèche que rarement, comme de pécher par un transport soudain avec « celle avec qui on demeure, trois ou quatre fois par an ; ou, selon le père Bauny, une « ou deux fois par mois, p. 1082 ».

« faute. » Ou bien enfin, que c'étaient des *péchés de surprise* ou *d'igno-rance*.

Il est est donc bien extraordinaire qu'on n'ait pas recommencé de plus belle, puisque les magistrats se montraient si favorables et si accommodants. Il est vrai que, si l'on n'a pas été retenu par la crainte des juges, on l'a été bien davantage par la crainte de ne pas retrouver aussi facilement, à brève échéance, de nouvelles dupes. Mais alors, à quoi ont servi les juges dans ces affaires ?

« *Socrate.* — Chargeras-tu les magistrats de rendre la justice ?

Glaucon. — Oui sans doute.

Socrate. — Quelle autre fin se proposeront-ils dans leurs jugements, sinon d'empêcher que personne ne s'empare du bien d'autrui ou ne soit privé du sien ? (1) »

Je voudrais bien savoir, en effet, à quelles autres raisons qu'à des raisons d'intérêt, on peut attribuer les procès qui s'agitent devant les tribunaux, et si, lorsque nous sommes dans la nécessité d'y recourir, c'est pour nous y voir appliquer les doctrines ou les subtilités jésuitiques ?

Et enfin, serait-il hors de propos de rappeler ces paroles de l'auteur des *Provinciales* au père qui avait terminé sa conférence avec lui : « Bien loin de détester les auteurs de ces maximes (les maximes jésuitiques), vous avez de l'estime pour eux. Ne craignez-vous pas que votre consentement ne vous rende participant de leur crime ? et pouvez-vous ignorer que saint Paul juge « dignes de mort non seulement les auteurs « des maux, mais encore ceux qui y consentent ? » (2)

Parlerai-je de nos hommes d'Etat ? Ceux-là, sans doute, doivent s'estimer de fins politiques, et pourtant, combien ont-ils peu connu vraiment la « *Politique* » en cette rencontre !

Tous les auteurs politiques, anciens ou modernes, à quelque parti qu'ils aient appartenu, ont tous regardé la justice comme la chose la plus considérable dans l'Etat.

Pour Socrate, par la plume de Platon, « la justice est la chose la plus importante et la plus nécessaire. » (3)

Pour Aristote, « la justice est la base de la société ; le jugement constitue l'ordre de la société. » (4)

« Il n'y a rien d'assuré parmi les hommes, a dit Bossuet, si la justice ne se fait pas. » (5)

« Le premier et le plus grand intérêt public, a dit Rousseau, est toujours la justice. » (6)

Nos hommes politiques prétendraient-ils qu'il appartenait seulement aux juges de connaître de ces affaires ? Mais à qui persuaderait-on que des

(1) Platon, *République*, liv. iv, div. ii, § 5.
(2) *Provinciales*, Lettre x.
(3) Platon, *République*, liv. vii, div. 5. § 3.
(4) Aristote, *Politique*, liv. i, ch. i, § 2.
(5) Bossuet, *Politique tirée de l'Ecriture*, liv. vii, art. 1er, 1re proposition.
(6) Rousseau, *Lettres de la Montagne*, partie II, lettre ix.

hommes qui ont su si bien s'émouvoir dans une circonstance mémorable, aient pu rester froids et insensibles en face d'extorsions qui tournaient en véritables calamités ?

Quoi ! pas une voix dans le Parlement ne s'est élevée en faveur de tant de gens spoliés ! Sur un millier d'hommes prétendus politiques, pas un n'a porté la parole au nom des principes éternels de la justice ! Comment l'histoire enregistrera-t-elle un silence si étrange, si inoui ? et comment l'expliquera-t-elle, sinon par des soupçons de connivence ? Et enfin, que pourraient répondre nos politiques d'alors à ceux qui, les ayant vus rester impassibles devant tant de scandales impunis, leur imputeraient de n'avoir été dans ces circonstances que des pantins dont les jésuites ont tenu les fils, à moins qu'ils ne préfèrent convenir qu'ils aient eux mêmes adopté leurs maximes !

« Sous les mauvais gouvernements, a dit un auteur célèbre, ce sont les méchants qui ont raison et ce sont les bons qui succombent. » Or, je le demande ici, à qui a-t-on donné gain de cause ? aux gens honnêtes ou à leurs contraires ?

Et en voyant les lois de la justice méconnues par ceux-là mêmes qui avaient le devoir étroit d'en surveiller la bonne exécution, comment s'étonner de voir se produire sous une forme quelconque les manifestations d'un mécontentement général, dont les faits que j'expose ici ont été peut-être des plus puissants agents ? Et comment nos hommes d'Etat ont-ils pu oublier que c'est la faction des Sylla qui amène la faction des Marius !

« C'est le propre de l'injustice, disait Socrate, d'engendrer des dissensions et des haines partout où elle se trouve... et le plus grand crime qu'on puisse commettre contre sa propre patrie, ne l'appelleras-tu pas injustice ? » (1)

Mais j'en ai dit assez. Et je me bornerai à rappeler ces pensées de celui qui devait mourir, pour expier le crime qu'il avait commis d'avoir cherché la vérité et de l'avoir dite aux hommes.

« *Socrate.* — Chez nous, quel nom le peuple ajoutera-t-il à celui de citoyens qu'il donne à ses magistrats ?

Glaucon. — Celui de sauveurs et de défenseurs.

Socrate. — Ceux-ci, à leur tour, comment appelleront-ils le peuple ?

Glaucon. — Celui qui leur donne le salaire et la nourriture. » (2)

(1). Platon, *République*, liv. IV, divis. III, § 1.
(2) Platon, *République*, liv. V, div. III, § 1.
Et le dialogue continue en ces termes :
Socrate. — Comment dans les autres Etats, les chefs traitent-ils les peuples ?
Glaucon. — D'esclaves.
Socrate. — Entre eux, comment les chefs se traitent-ils ?
Glaucon. — De collègues dans l'autorité.
Socrate. — Et chez nous.
Glaucon. — De gardiens du même troupeau.
Socrate. — Pourrais-tu me dire si dans les autres Etats les magistrats en usent les uns avec les autres en partie comme avec des amis, en partie comme avec des étrangers ?
Glaucon. — Rien n'est plus ordinaire.

Nos malheureux actionnaires de nos funestes banques, n'auraient-ils pas le droit de trouver qu'ils ont eu de bien singuliers sauveurs ou défenseurs ? Qu'auraient fait de plus des ennemis ?

Et ne doivent-ils pas quelquefois regretter amèrement la part coopérative qu'ils ont apportée et qu'ils apportent au salaire ?

Mais qu'est-ce donc, enfin, que la justice ?

« La justice, dit Socrate, est sagesse et vertu, l'injustice est vice et ignorance. »

Thrasymaque, son interlocuteur, soutient, au contraire, que « la justice est ce qui est avantageux au plus fort » (1).

Je vous laisse à décider quelle est celle de ces deux manières de comprendre la justice qui a été suivie dans ces affaires ; et, là-dessus, je finis cette première Lettre (2).

J'entamerai dans la suivante ce qui me touche plus particulièrement.

---

(1) Platon, *République*, liv. I, div. IX.
Donnons ici la belle définition par laquelle M. Aimé Martin a résumé la pensée de Socrate : « *La justice n'est autre chose que l'ordre établi dans les actions de l'homme maître de lui-même.* »

(2) Comme à tout il faut une conclusion, je la formulerai comme suit en cette note :
Si j'étais un spolié des banques, je tâcherai de solliciter quelque député de demander au Parlement d'ordonner la révision de tous les procès qui les ont concernées. « Pour se dévouer, il faut aimer », disait encore Socrate. Parmi nos députés n'en saurait-on trouver aucun qui aimât assez la justice pour se dévouer à cette noble tâche ?
On saurait du moins, par là, à quoi s'en tenir sur les sentiments de la nouvelle Chambre.

(Z) *Maximes politiques de saint Thomas d'Aquin, enseignées dans son commentaire sur la cinquième des politiques, texte II.* (Voir ses propres mots).

Ad salvationem tyrannidis, excellentes potentia, vel divitiis inter-ficere, etc. — Voici la traduction de Naudé :

« Pour maintenir la tyrannie, il faut faire mourir les plus puissants et les plus riches,
« parce que de tels gens se peuvent soulever contre le tyran par le moyen de l'autorité
« qu'ils ont. Il est aussi nécessaire de se défaire des grands esprits et des hommes
« savants, parce qu'ils peuvent trouver, par leur science, les moyens de ruiner la tyran-
« nie. Il ne faut pas même qu'il y ait des écoles, ni autres congrégations, par le moyen
« desquelles on puisse apprendre les sciences ; car les savants ont de l'inclination pour
« les choses grandes, et sont, par conséquent, courageux et magnanimes. Et de tels
« hommes se soulèvent facilement contre les tyrans. Pour maintenir la tyrannie, il
« faut que les tyrans fassent en sorte que leurs sujets s'accusent les uns les autres, et
« se troublent eux-mêmes ; que l'ami persécute l'ami, et qu'il y ait de la dissension
« entre le même peuple et les riches, et de la discorde entre les opulents ; car, en le
« faisant, ils auront moins de moyens de se soulever à cause de leurs divisions. *Il faut*
« *aussi rendre pauvres les sujets, afin qu'il leur soit d'autant plus difficile de*
« *se soulever contre le tyran. Il faut ensuite établir des subsides, c'est-à-dire,*
« *de grandes exactions et en grand nombre ; car c'est le moyen de rendre*
« *bientôt pauvres les sujets.* Le tyran doit aussi susciter des guerres parmi ses sujets
« et même parmi les étrangers, afin qu'ils ne puissent négocier aucune chose contre
« lui. Les royaumes se maintiennent par le moyen des amis, mais un tyran ne se doi
« fier à personne pour se conserver en la tyrannie.

« Il ne faut pas qu'un tyran, pour se maintenir dans la tyrannie, paraisse à ses sujets
« être cruel ; car s'il leur paraît tel, il se rend odieux : ce qui les peut faire plus facile-
« ment soulever contre lui : mais il doit se rendre vénérable par l'excellence de quel-
« que éminente vertu ; car on doit toute sorte de respect à la vertu ; et s'il n'a pas
« cette qualité excellente, il doit faire semblant qu'il la possède. Le tyran se doit ren-
« dre tel qu'il semble à ses sujets qu'il possède quelque éminente vertu qui leur manque,
« et pour laquelle ils lui portent respect. S'il n'a point de vertus, qu'il fasse en sorte
« qu'ils croient qu'il en ait (1) ».

Le janséniste, ou le philosophe, qui aurait écrit dans ce goût contre les jésuites, au lieu d'écrire contre le peuple, aurait-il échappé à la Bastille ?

---

(1) (Cité par Helvétius, en son livre *De l'Homme, de ses facultés intellectuelles et de son éducation.* Section IX, ch. XXII, au titre : *Un intérêt secret cacha toujours aux Parlements la conformité de la morale des jésuites et du Papisme.*)

RÉFLEXIONS

SUR LA REPURLIQUE ACTUELLE

X. Note consacrée aux mots « *prétendue République* » de la page 7.

Je dis que notre *prétendue* République n'est qu'un composé de *monarchie* et d'*oligarchie* où le peuple n'a aucune part. Avec nos institutions actuelles, pour rétablir l'équilibre rompu, il faudrait en revenir au *tribunat* ; j'entends qu'il faudrait CRÉER des *Tribuns du peuple* AVEC TOUT LEUR POUVOIR. Mais pourquoi pas, de préférence, faire une constitution franchement démocratique ? Une vraie République, outre sa constitution propre, qui ne doit être que la mise en application des principes démocratiques qui doivent entrer dans sa structure générale, devrait être, plus spécialement, le règne de la justice et de la vérité ; ce devraient être même ses traits caractéristiques : nous n'en sommes guère là. Mais j'ajoute qu'il est impossible, en l'état, de songer à approcher de ces deux choses, l'obstacle principal résidant surtout dans la constitution, faite à l'avantage exclusif de deux des parties, au lieu de l'être à l'avantage de tous ; cette constitution, dans laquelle nous sommes comme emprisonnés de force, c'est-à-dire sans notre aveu.

Comme l'a bien exprimé Machiavel, quand il s'efforçait de faire comprendre que le *Prince* doit tenir de la bête et être à la fois renard et lion, « la force est propre à la bête, la loi est propre à l'homme » (1), autrement dit, la force (2) est la loi des bêtes, doit-elle être celle des hommes ? puisque encore il est rare que des bêtes d'une même espèce se mangent entre elles. Or, il est de principe que la loi n'est *loi*, qu'autant qu'elle a été ratifiée par le libre consentement des intéressés (3), surtout quand il s'agit de

---

(1) Machiavel, *Le Prince*, ch. XVIII : *Comment les Princes doivent tenir leur parole*, c'est-à-dire : pas du tout. C'est encore là une des doctrines des jésuites. Voir *Provinciales*, Lettre IX, à l'article des *restrictions mentales*, d'après Escobar, autr. 3, ex. 3, n. 48 : « Les promesses n'obligent point, quand on n'a pas l'intention de « s'obliger en les faisant, etc. »

« Quand on veut que la loi commande, a dit Aristote, c'est vouloir que Dieu et la raison commandent seuls ; mais quand on donne la supériorité à l'homme, c'est la donner tout à la fois à l'homme et à la bête. Le désir a quelque chose de bestial ; la passion pervertit les magistrats et les hommes les meilleurs ; l'intelligence sans passion, c'est la loi. » (*Politique*, liv. III, ch. XI, § 4.)

(2) « La force est la reine du monde, a dit Pascal, et non pas l'opinion ; mais l'opinion est celle qui use de la force. « Toutefois, comme l'a fait observer Platon, « l'opinion n'est à la connaissance que ce qu'est l'image à l'objet. » Il en est autrement de la science, c'est-à-dire de la vérité, qui tôt ou tard a raison de la force. Galilée, Christophe Colomb, Torricelli, Pascal, Descartes, Newton, etc., en sont les vivants témoignages dans l'ordre scientifique. Les principes de 1789, qu'on essaiera vainement d'étouffer ou de faire dévier, en resteront les vivants témoignages dans l'ordre politique.

Il y aura des époques de défaillance, mais ils se relèveront plus puissants que jamais, comme il arrive de tout ce qui est dans la vérité.

(3) Voir à ce sujet la petite brochure qui a pour titre : *de la Révision par une Constituante*.

Il est clair que nos soi-disant républicains n'ont fait jusqu'ici que s'approprier, pour l'appliquer à leur profit, la théorie du droit divin. Je veux dire qu'une fois nommés, ils se considèrent comme autant de dieux, ou si l'on veut plus simplement, comme autant de monarques, qui en usent suivant leur bon plaisir. C'est une tyrannie substituée à une autre : je ne vois pas ce que nous y avons gagné. De par la Cconstitution, façonnée à leur gré, ils peuvent décider tout ce qui leur passe par la tête, et même contre nous ; et nous ne jouissons que du droit considérable de les regarder faire, de nous soumettre, et surtout de payer. Car nous sommes sûrement, à en juger par le nombre de nos monarques, bien plus monarchistes que partout ailleurs. Et il

lois fondamentales de l'Etat, où il ne suffit pas d'un consentement tacite, toujours sujet à erreur et à contestation, mais où il faut un aveu formel, qui n'y donne aucune prise. C'est l'observation exacte de ce principe qui a rendu la Constitution américaine assez solide pour avoir été si peu modifiée depuis plus de cent ans (1). C'est ce qui consolidera la Constitution de toute République qui l'observera, au lieu de fouler aux pieds ses propres principes.

« La multitude qui ne se réduit pas à l'unité, a dit Pascal, est confusion ; l'unité qui ne dépend pas de la multitude est tyrannie » (2) ; et j'entends par cette *unité*, qu'une nation peut s'unir dans un consentement général pour accepter librement sa Constitution : et j'entends par *tyrannie*, le fait d'imposer cette constitution à la nation sans son consentement.

Si donc ceux qui ont fait la Constitution, n'ont pas daigné s'abaisser jusqu'à demander à la nation si elle était de son goût, comment espérer que ceux qui en jouissent actuellement, soient par cela même, disposés à le lui demander jamais ? Cependant, si on peut tout se permettre sans en référer au souverain, je demande ce qui pourrait empêcher nos oligarques d'exiger de nous, sous forme de loi à leur façon, jusqu'à notre dernier sou et notre dernière chemise ; car il est visible que, lorsqu'il s'agit de voter des emprunts ou des impôts, il n'y a plus de désaccord parmi nos maîtres !

On parle de dépopulation. Quel signe plus manifeste que notre organisation est vicieuse et que notre gouvernement n'est pas bon, quand tant d'éminents écrivains politiques ont fondé sur l'accroissement ou la diminution d'un peuple la marque indicative du bon ou du mauvais gouvernement, de la prospérité ou de la misère de ce peuple (3).

est bien étrange que les monarchistes ne soient pas satisfaits, et qu'ils aient l'air de se faire tirer l'oreille pour se rallier à cette République *multi-monarchique*.

Il en serait tout autrement avec une Constitution républicaine, soumise à notre approbation, parce que cette Constitution pourrait les contenir, tandis que, par celle qu'ils ont faite à leur caprice, ils nous contiennent, ou plutôt ils nous oppriment.

— Oui, diront-ils peut-être, mais vous êtes gouvernés ! Nous ne le sentons que trop, puisqu'on nous traite si bien en enfants, excepté par rapport à la caisse.

C'était bien la peine d'avoir plein la bouche du mot de *République* ! Et n'est-il pas souverainement grotesque, d'entendre tous ces gens-là se poser en défenseurs des principes démocratiques, tandis qu'ils en ont, en réalité, une horreur telle, qu'à la seule pensée qu'une Constituante pourrait faire une Constitution républicaine (bien entendu, je le répète, sous la réserve de l'approbation par la nation, car c'est là la meilleure garantie pour que les principes ne soient pas violés), n'est-il pas grotesque, dis-je, de voir à l'instant tous ces gens-là prêts à tomber en syncope ? (Voir ma petite brochure qui a pour titre : *De la Revision par une Constituante*.)

Quoiqu'il ne soit que trop vrai, comme l'a dit Machiavel d'après Dante, que le peuple crie souvent : *Vive ma mort ! et périsse ma vie !* ce qui arrive surtout quand il y est excité par une influence étrangère, comme je l'ai fait observer dans une note précédente, relativement au siège de Lyon, il n'est pas moins vrai que, livré à lui-même et à sa seule raison, le peuple a, le plus souvent, une vue très nette et très juste de la situation. Combien de faits ou d'auteurs ne pourrais-je pas invoquer à l'appui de ce sentiment ? Malheureusement, les professeurs de mensonges, pour nous égarer, ne sont pas rares, et l'apparence est prise trop souvent pour la réalité.

(1) Je passe sur les abus qui ont pu se glisser aux Etats-Unis, parce que les abus ne doivent pas être pris pour modèles, sous peine de ressembler à ces hommes ou à ces femmes, qui semblent affligés d'être restés honnêtes, sous prétexte que d'autres ont fait autrement. Il est vrai que, si l'on justifie, si l'on glorifie même les coquins, et qu'on traque les gens honnêtes, c'est peu encourageant pour ces derniers.

(2) Pascal, *Pensées.*

(3) « Je m'étonne toujours, dit Rousseau, qu'on méconnaisse un signe aussi simple, ou qu'on ait la mauvaise foi de n'en pas convenir. Quelle est la fin de l'association politique ? c'est la conservation et la prospérité de ses membres. Et quel est le signe le plus sûr qu'ils se conservent et prospèrent ? c'est leur nombre et leur population. N'allez donc pas chercher plus loin ce signe si disputé. Toute chose d'ailleurs égale, le gouvernement sous lequel, sans moyens étrangers, sans naturalisations, sans colonies, les citoyens peuplent et multiplient davantage, est infailliblement le meilleur. Celui sous lequel un peuple diminue et dépérit, est le pire. Calculateurs, c'est maintenant votre affaire ; comptez, mesurez, comparez. » (*Contrat social,* liv. III, ch. IX.)

« Les contrées les plus religieuses, a dit Helvétius, sont les plus incultes. *C'est dans*

Je dis que nous sommes dans la même situation que les Romains après l'expulsion des Tarquins, où ils furent plus malheureux encore qu'auparavant, opprimés qu'ils étaient par plusieurs (et ils étaient en grand nombre) au lieu de l'être par un seul, situation dont ils ne sortirent que par la création des *Tribuns*, comme nous ne sortirons de la nôtre que par la *Revision*.

Ainsi que l'a fait observer Abélard (1), en s'appuyant de saint Augustin, le Seigneur a dit : « **Je suis la vérité** », et non pas : *Je suis la coutume*. La puissance de la coutume nous enchaînera-t-elle toujours à ce point, de nous empêcher de nous diriger vers la vérité !

Qu'on lise ce petit conte de Montaigne et les commentaires dont il l'accompagne, et qu'on se demande ensuite si nous ne ressemblons pas un peu à la femme dont il parle :

« Celuy me semble avoir bien conceu la force de la coustume, qui premier forgea le
« conte, qu'une femme de village, ayant apprins de caresser et porter entre ses bras un
« veau dez l'heure de sa naissance, et continuant toujours à ce faire, gaigna cela par

les domaines ecclésiastiques que se manifeste la plus grande dépopulation. Dans les cantons catholiques de la Suisse regnent la disette et la stupidité. Dans les cantons protestants, l'abondance et l'industrie. *Le papisme est donc destructeur des empires.* Il est surtout fatal aux nations qui, puissantes par leur commerce, ont intérêt d'améliorer leurs colonies, d'encourager l'industrie, et de perfectionner les arts. » Il dit ici en note : « Les colonies naissantes se peuplent par la tolérance ; pour cet effet, il faut y rappeler la religion aux principes sur lesquels Jésus l'a fondée. »

« L'intolérance est une mine toujours chargée sous le trône (j'ajouterai ici de mon cru sous tout gouvernement), que le mécontentement ecclésiastique est toujours prêt de s'allumer. Qui peut éventer cette mine ? la philosophie et la vertu. Aussi l'Eglise a-t-elle décrié les lumières de l'une, et l'humanité de l'autre ; a-t-elle toujours peint la philosophie et la vertu sous des traits difformes. L'objet du clergé fut de les décréditer ; et ses moyens furent les calomnies. Les hommes, en général, aiment mieux croire qu'examiner ; et le clergé, en conséquence, vit toujours, dans la paresse de penser, le plus ferme appui de la puissance papale »

« Chez les divers peuples, qui rend l'idole papale si respectable ? La coutume. Qui, chez ces mêmes peuples, défend de penser ? La paresse : elle y commande aux hommes de tous les Etats. (Helvétius, *De l'Homme, de ses facultés intellectuelles et de son éducation*, sect. IX, ch. XXIV, au titre : *L'intérêt cache au plus honnête homme les maux du papisme*.)

Ceux que ces questions de population préoccupent, pourraient lire avec intérêt le chap. II, du livre II, des *Discours* de Machiavel (a) sur Tite-Live. Ils verraient que c'est la force expansive de la liberté qui pousse à l'accroissement d'un peuple, et que c'est, au contraire, l'oppression qui le mène au dépérissement. Je ne citerai que ce passage :

« C'est une chose vraiment merveilleuse de voir a quel degré de grandeur Athènes
« s'éleva, durant l'espace des cent années qui suivirent la délivrance de la tyrannie de
« Pisistrate. Mais ce qui est bien plus admirable encore, c'est la hauteur à laquelle
« parvint la République romaine, dès qu'elle fut délivrée de ses rois. La raison en est
« facile à comprendre : ce n'est pas l'intérêt particulier, mais celui de tous qui
« fait la grandeur des Etats. Il est évident que l'intérêt commun n'est respecté que
« dans les républiques : tout ce qui peut tourner a l'avantage de tous, s'exécute sans
« obstacle...

« Le contraire arrive sous un prince ; car, le plus souvent, ce qu'il fait dans son
« intérêt est nuisible à l'Etat, tandis que ce qui fait le bien de l'Etat nuit à ses propres
« intérêts, en sorte que, quand la tyrannie s'élève au milieu d'un peuple libre, le
« moindre inconvénient qui doive en résulter pour l'Etat, c'est que le progrès s'arrête,
« et qu'il ne puisse plus croître ni en puissance, ni en richesse ; mais le plus souvent,
« ou, pour mieux dire, toujours, il arrive qu'il rétrograde...

« Ainsi que nous l'avons dit, toutes les cités, tous les Etats qui vivent sous légide de
« la liberté, en quelque lieu qu'ils existent, obtiennent toujours les plus grands succès ;
« c'est là que la population est la plus nombreuse... »

Or, qu'il s'agisse d'une oligarchie monarchisée, ou d'une monarchie oligarchisée, c'est toujours de l'oppression : et on sait où elle mène.

(1) *Lettres d'Abélard et d'Héloïse*, V. traduction de M. Gréard.

(a) Qu'il me soit permis d faire observer, en passant, combien le mot *machiavélique*, imagine par Bayle, est, en réalité, improprement employé. Il ne faut pas juger Machiavel sur le seul livre du *Prince*, qui, au fond, n'est peut-être qu'une sanglante satire du rôle qu'impose au prince la nécessité de se soutenir dans un pouvoir dont la base est essentiellement arbitraire. Mais il faut juger Machiavel sur l'ensemble de ses œuvres ; et, sur le bien fondé de mon observation, j'en appelle à tous ceux qui les ont lues consciencieusement. Voltaire n'a-t-il pas dédié son *Mahomet* au pape ?

« l'accoutumance, que, tout grand bœuf qu'il estoit, elle le portait encore ; car c'est, à
« la vérité, une violente et traistesse maistresse d'eschole que la coustume. Elle establit en
« nous, peu à peu, à la desrobée, le pied de son autorité ; mais, par ce doulx et humble
« commencement, l'ayant rassis et planté avec l'ayde du temps, elle nous découvre
« tantost un furieux et tyranique visage, contre lequel nous n'avons plus la liberté de
« haulser seulement les yeulx. Nous lui veoyons forcer, touts les coups, les règles de
« nature : *Usus efficacissimus rerum omnium magister.*

« J'en croy l'autre de Platon en sa République ; et les médecins, qui quittent si
« souvent à son autorité les raisons de leur art ; et ce roy qui, par son moyen, rangea
« son estomac à se nourrir de poison ; et la fille qu'Albert récite s'estre accoustumée à
« vivre d'araignées ; et, en ce monde, des Indes nouvelles, on trouva des grands peu-
« ples, et en fort divers climats, qui en vivaient, en faisaient provision, et les appas-
« toient, comme aussi des sauterelles, fourmis, lézards, chauve-souris, et feut un crapeaud,
« vendu six écus en une nécessité de vivres; ils les cuisent et apprestent en diverses
« saulces : il en feut trouvé d'autres ausquelles nos chairs et nos viandes estoient mor-
« telles et venimeuses. *Consuetudinis magna vis est: pernoctant venatores in nive:*
« *in montibus uri se patiuntur; pugiles, cœstibus contusi, ne ingemiscunt*
« *quidem.*

« Ces exemples estrangers ne sont pas estranges, si nous considérons ce que nous
« essayons ordinairement, combien la coustume hébète nos sens... »

(*Essais* de Montaigne, liv. i, ch. xxii. *De la coustume, et de ne chanyer aysé-
ment une loi receue.*)

Et puisque le mot de *République* m'a engagé dans cette longue note, j'y ajouterai
cependant encore ce qui suit, pour me conformer au précepte de saint Augustin, qui
recommandait de ne pas garder pour soi ce qu'on croyait bon de dire aux autres.

Dans un état républicain, où les citoyens auraient véritablement l'esprit de la liberté,
il devrait être porté une loi qui déclarât nulle l'élection de tout député qui aurait
brigué le mandat, ou qui aurait été soutenu par quelque comité, ce comité fût-il surtout
le gouvernement lui-même : car, comment la volonté générale pourrait-elle se dégager
pure, corrompue par l'influence d'une secte ? En un mot, la fonction de député devrait
être imposée comme une charge, qu'elle est en réalité, et non pas recherchée. « Par-
« tout, dit Socrate, où les affaires publiques excitent l'ambition de mendiants, de gens
« affamés de biens particuliers, qui s'imaginent que c'est là qu'il faut en aller prendre, il
« n'y a point de bon gouvernement possible. On se dispute, on s'arrache l'autorité, et
« cette guerre domestique et intestine finit par perdre les chefs de l'Etat et l'Etat lui-
« même (1). »

A ce souhait, qui me paraît d'une réalisation bien eloignée, si l'on considère notre
pauvre éducation politique, j'en ajouterait un autre qui pourrait être d'une réalisation
plus prochaine et plus facile : ce serait de confier l'examen de l'élection aux électeurs
eux-mêmes. Je m'explique. Qui empêcherait, par exemple, de décider que vingt ou
trente électeurs de la circonscription, tirés au sort, seraient chargés de statuer sur
l'élection de leur député, sous la présidence, si l'on veut, d'un magistrat commis à cet
effet, mais qui n'aurait que voix consultative.

Quoi de plus étrange et de plus anormal, que de voir une majorité oppressive ou into-
lérante, valider ou invalider selon son caprice, et briser ainsi, ou au moins
la volonté générale ?

(1) Platon, *République*, liv. vii, div. ii, ex. i.

www.ingramcontent.com/pod-product-compliance
Lightning Source LLC
Chambersburg PA
CBHW060806280326
41934CB00010B/2572